BEI GRIN MACHT SICH IHR WISSEN BEZAHLT

- Wir veröffentlichen Ihre Hausarbeit, Bachelor- und Masterarbeit

- Ihr eigenes eBook und Buch - weltweit in allen wichtigen Shops

- Verdienen Sie an jedem Verkauf

Jetzt bei www.GRIN.com hochladen und kostenlos publizieren

Bibliografische Information der Deutschen Nationalbibliothek:

Die Deutsche Bibliothek verzeichnet diese Publikation in der Deutschen Nationalbibliografie; detaillierte bibliografische Daten sind im Internet über http://dnb.d-nb.de/ abrufbar.

Dieses Werk sowie alle darin enthaltenen einzelnen Beiträge und Abbildungen sind urheberrechtlich geschützt. Jede Verwertung, die nicht ausdrücklich vom Urheberrechtsschutz zugelassen ist, bedarf der vorherigen Zustimmung des Verlages. Das gilt insbesondere für Vervielfältigungen, Bearbeitungen, Übersetzungen, Mikroverfilmungen, Auswertungen durch Datenbanken und für die Einspeicherung und Verarbeitung in elektronische Systeme. Alle Rechte, auch die des auszugsweisen Nachdrucks, der fotomechanischen Wiedergabe (einschließlich Mikrokopie) sowie der Auswertung durch Datenbanken oder ähnliche Einrichtungen, vorbehalten.

Impressum:

Copyright © 2019 GRIN Verlag
Druck und Bindung: Books on Demand GmbH, Norderstedt Germany
ISBN: 9783668939639

Dieses Buch bei GRIN:

https://www.grin.com/document/475164

Lennard Kehrein

Resilienz. Wie Menschen Persönlichkeitseigenschaften zur Bewältigung von Krisen nutzen

GRIN Verlag

GRIN - Your knowledge has value

Der GRIN Verlag publiziert seit 1998 wissenschaftliche Arbeiten von Studenten, Hochschullehrern und anderen Akademikern als eBook und gedrucktes Buch. Die Verlagswebsite www.grin.com ist die ideale Plattform zur Veröffentlichung von Hausarbeiten, Abschlussarbeiten, wissenschaftlichen Aufsätzen, Dissertationen und Fachbüchern.

Besuchen Sie uns im Internet:

http://www.grin.com/

http://www.facebook.com/grincom

http://www.twitter.com/grin_com

Resilienz

Wie Menschen Persönlichkeitseigenschaften zur Bewältigung von Krisen nutzen

Inhaltsverzeichnis   Seite

1. Vorwort	3
2. Die Bedeutung von Resilienz und ihre Funktion	4
3. Eigenschaften, die Resilienz begünstigen	4
3.1 Optimismus	5
3.2 Akzeptanz	6
3.3 Lösungsorientierung	7
3.4 Selbststeuerung	7
3.5 Verantwortung übernehmen	8
3.6 Beziehungen gestalten	9
3.7 Zukunft gestalten	9
4.1 Entwicklung der resilienten Persönlichkeit	11
5. Fazit	13
6. Literaturverzeichnis	14
6.1 Schriftquellen	14
6.2 Internetquellen	14

1. Vorwort

„Ich bin im Stress." Ein Satz, der immer häufiger genutzt wird und unsere heutige Gesellschaft von der Vergangenheit abgrenzt. Wir Menschen stehen heutzutage durch die immer vielfältigeren Anforderungen unserer Umgebung unter Druck. Um all diese Hürden des Alltags zu überwinden, wird eines immer wichtiger: Innere Stärke. Genau das ist Resilienz. Da sie immer präsenter im Alltag wird, sind die Ergebnisse der Resilienzforschung immer interessanter und die Thematik aktueller als jemals zuvor.

Auf der Suche nach einem Thema meiner Facharbeit stieß ich im Internet zufällig auf den Begriff der Resilienz, der mir bis dahin völlig unbekannt war. Die immer größer werdende Bedeutung, die Aktualität des Themas und das Kennenlernen eines mir unbekannten Phänomens waren anschließend die Gründe für mein Interesse.

Ziel dieser Facharbeit ist es zu untersuchen welche persönlichen Eigenschaften Menschen resilient machen. Der Fokus liegt auf den persönlichen Eigenschaften des Menschen, die erkannt und beeinflusst werden können. Die Einflüsse der nicht unwesentlichen Faktoren Umwelt, Neurobiologie, Genetik und Epigenetik werden in dieser Arbeit nur hinsichtlich ihrer Verbindungen zur Persönlichkeit beachtet. Zudem soll hervorgehoben werden, wie diese Eigenschaften entstehen und sich im Laufe der Zeit verändern.

Zur Beantwortung der aufgeworfenen Fragestellung wird in dieser Arbeit wie folgt vorgegangen: Zunächst folgt die Erläuterung des Begriffes Resilienz und seiner Funktionen im weitesten Sinne. Im folgenden Teil geht es um die Persönlichkeitseigenschaften, durch die Resilienz entsteht, und ihre Entwicklung. Die Arbeit schließt mit einer Zusammenfassung der gesammelten Erkenntnisse.

2. Die Bedeutung von Resilienz und ihre Funktion

Unter Resilienz versteht man die inneren Kräfte, die uns Menschen ermöglichen, Krisen und schwierige Umstände zu bewältigen und gestärkt aus diesen hervorzugehen.[1] Dabei greifen wir auf persönliche und sozial vermittelte Ressourcen zurück.[2] Die wörtliche Bedeutung von Resilienz ist Elastizität. Sie lässt Menschen sich wiederaufrichten oder wie ein Gummiband in ihren Normalzustand zurückschnellen, egal was ihnen widerfährt. Daher wird sie auch Anpassungsfähigkeit oder psychische Widerstandsfähigkeit genannt.[3]

Resilienz ermöglicht uns durch ein Zusammenspiel von unterschiedlichen Haltungen, Strategien und Eigenschaften Lebenskrisen langfristig zu überwinden. Da wir unsere Wahrnehmung der Umwelt bewusst steuern und auch unsere persönlichen Eigenschaften größtenteils beeinflussen können, ist Resilienz erlern und trainierbar.[4]

Resilienz hilft uns widrige Umstände zu überstehen. In der heutigen Zeit leiden immer mehr Menschen unter akutem Stress, aufgrund eines stressigen Arbeitslebens. Häufig wird dies durch die Bedürfnisse der Familie, insbesondere durch die von Kindern und pflegebedürftigen Personen, verstärkt. Von der Gesellschaft wird zunehmend verlangt Arbeit und Familie gleichzeitig zu stemmen, und zwar ohne eine der beiden Parteien zu vernachlässigen. Die Konsequenzen sind immer häufiger auftretende Burn-outs sowie andere psychische und physische Symptome. Resilienz wird durch diese Entwicklung in der Gesellschaft eine immer hilfreichere und wichtigere Eigenschaft, weshalb sie immer mehr erforscht wird und es immer mehre Ratgeber dazu gibt, wie man mehr Resilienz im Alltag entwickeln kann.

3. Eigenschaften die Resilienz begünstigen

Die amerikanische Entwicklungspsychologin Emmy Werner und ihr Team beobachteten über 40 Jahre lang 698 Jungen und Mädchen, die 1955 auf der hawaiianischen Insel Kauai geboren wurden. Die Kinder wuchsen aufgrund von

---

[1] Vgl. Monika Gruhl, 2014, S. 8.
[2] Ebd. S.15.
[3] Ebd. S. 14 f.
[4] Ebd. S. 10 ff.

Armut und Alkoholismus, der zum Alltag gehörte, unter schwerwiegenden Bedingungen auf. 201 von ihnen litten unter besonders desaströsen Umständen. Emmy Werner interessierte sich nicht besonders für die 129 von ihnen, die erwartungsgemäß keinen Weg aus dem Dilemma fanden, psychisch krank wurden und mit dem Gesetz in Konflikt gerieten. Die Psychologin untersuchte das Drittel, dem es gelang all dies hinter sich zu lassen und ein deutlich besseres Leben zu führen. Im Alter von 40 Jahren war keiner der 72 Hawaiianer arbeitslos, auf staatliche Fürsorge angewiesen oder straffällig geworden. Mit dieser Studie wurde erstmals die gängige These, dass Kinder mit solchen Ausgangsbedingungen einem schlimmen Schicksal kaum entkommen können, ins Wanken gebracht, da es einem beachtlich großen Teil der Kinder gelang.[5]

Aus dieser und anderen Studien lassen sich sieben sich wechselseitig beeinflussende Schutzfaktoren als wesentlicher Bestandteil von Resilienz beschreiben. Resiliente Menschen zeichnen sich durch drei Grundhaltungen aus: Optimismus, Akzeptanz und Lösungsorientierung.[6] Auf der Basis dieser drei Grundhaltungen entwickeln resiliente Menschen vier charakteristische Fähigkeiten: Selbstregulierung, Verantwortung für sich selbst und andere zu übernehmen und Beziehungen sowie die Zukunft zu gestalten.[7]

3.1 Optimismus

Die Grundlagen für Optimismus sind eine positive Weltsicht und ein positives Selbstbild. Wenn Sie immer den positiven Aspekten des Lebens Ihre Aufmerksamkeit schenken, dann sind dementsprechend auch Ihre Erwartungen an die Zukunft besser. Das führt dazu, dass Sie mit mehr Elan neuen Situationen entgegenkommen, sie besser meistern und sich ihre Erwartungen wahrscheinlicher erfüllen. Menschen mit negativem Weltbild nehmen Fehlschläge leicht persönlich und deuten sie als Beweis für ihre eigene Unfähigkeit oder Minderwertigkeit. Resiliente Menschen hingegen entwickeln ihre positive Weltsicht, indem sie sich auf die erfreulichen Aspekte des Lebens konzentrieren, ohne dabei Schwierigkeiten, Gefahren und Risiken zu ignorieren und sind bereit ihren Beitrag dafür zu leisten. Ihnen ist bewusst,

---

[5] Vgl. Christina Berndt, 2013, S.65 f.
[6] Vgl. Gruhl, 2014, S. 25.
[7] Vgl. Gruhl, 2014, S. 57.

dass Fehlschläge normal sind und nicht zwingend sie selbst für diese verantwortlich sind. Dieses Selbstbild muss allerdings realistisch sein und ist nicht gleichzusetzten mit unkritischer Selbstüberschätzung, was bedeuten soll, dass sich resiliente Menschen ein klares Bild ihrer Lebenssituation machen, indem sie sich auf das Positive konzentrieren, ohne dabei Probleme und Risiken zu ignorieren. Eine leichte Tendenz zur Selbstüberschätzung kann in manchen Situationen hilfreich sein und dazu führen, dass Grenzen überschritten und neue Erfahrungen gemacht werden. Niemals Risiken einzugehen und alle Einzelheiten zu überdenken, die mit Entscheidungen zusammenhängen, ist häufig sinnvoll, kann aber auch verhindern, dass dazu gelernt wird.[8]

3.2 Akzeptanz

Akzeptanz bedeutet Verluste, Rückschläge und ungewollte Vorfälle aufzunehmen wie sie sind und zu versuchen sie in sein Leben zu integrieren. Grundlegend dafür ist die Erkenntnis, dass alle Ereignisse sowohl negative als auch positive Konsequenzen für uns haben. Die positiven Aspekte sind nicht immer leicht zu erkennen, aber wer sich nicht auf die Ereignisse einlässt, sieht häufig nur die negativen Konsequenzen und kann dadurch nicht von neuen Möglichkeiten profitieren.

Resiliente Menschen machen sich klar welche Umstände sie beeinflussen können und welche nicht. Sie versuchen nicht die unabänderlichen Umstände zu ändern, sondern ihre Einstellung zu ihnen. Die Dinge, die im Bereich ihrer Möglichkeiten liegen, nehmen sie selbst in die Hand und gestalten sie zu ihren Gunsten.

Akzeptanz bedeutet nicht nur die in der Umwelt auftretenden Probleme in sein Leben zu integrieren, sondern auch sich selbst zu akzeptieren. Selbstakzeptanz ist ein lebenslanger Prozess, dessen Voraussetzungen ein wertschätzender und respektierender Umgang mit sich selbst sind. Bei Menschen, die konstruktiv und offen an eigenen Fehlern und Seiten an sich, die sie nicht mögen, arbeiten, ist ein fundiertes und starkes Selbstwertgefühl die Folge. Dadurch wird auch der Optimismus der Person gestärkt.[9]

---

[8] Vgl. Ebd. S. 26 ff.
[9] Vgl. Gruhl, 2014, S. 34 ff.

3.3 Lösungsorientierung

Resiliente Menschen verwandeln durch Lösungsorientierung Probleme in neue Möglichkeiten, Angebote und Chancen, indem sie nicht die Schwierigkeiten, sondern die Herausforderung in ihnen sehen. Sie fixieren sich nicht auf das Problem und seine Ursachen, wenn dies nicht für die Problemlösung relevant ist, stattdessen fokussieren sie sich auf mögliche Lösungswege. Diese entwickeln resiliente Menschen durch eine Kombination von Kreativität und logischem Denken.

Die linke Gehirnhälfte des Menschen arbeitet logisch, sammelt Daten und sucht auf deren Grundlage nach möglichen Lösungen, auch genannt die konvergenten Denkprozesse. Die rechte Gehirnhälfte verfolgt einen anderen Ansatz. Dieses divergente Denken verarbeitet alle Reize intuitiv und spontan zur gleichen Zeit, wodurch es sich am Ganzen und nicht an Details orientiert. Da der größte Teil dieser Ideen und Geistesblitze in der Realität nicht umsetzbar ist, bedarf es der konvergenten Denkprozesse der linken Gehirnhilfe, um die Umsetzung jener zu überprüfen. Kommt es dabei zu einem Ungleichgewicht zwischen dem konvergenten und divergenten Denken, also wenn eines der beiden über das andere dominiert, blockiert dies den Prozess der Lösungsfindung.

Der Anspruch eine perfekte Lösung für seine Probleme zu finden ist häufig eine Blockade für die Entwicklung von möglichen Handlungsoptionen. Es ist sinnvoller alle Ideen in Betracht zu ziehen und gegeneinander abzuwägen. Dabei sind die Akzeptanz von Zwischen- oder Teillösungen und die Bereitschaft sich von Gewohnheiten zu lösen sowie das Einnehmen neuer Blickwinkel hilfreich. Auch die zu starke Fokussierung auf das Finden einer Lösung kann den Prozess der Lösungsfindung erschweren. [10]

3.4 Selbststeuerung

Die Gehirnhälften des Menschen haben nicht nur verschiedene Denkweisen, sondern sind auch auf verschiedene Gefühle spezialisiert. Bestimmte Gedanken lösen damit verbundene Gefühle aus und umgekehrt beeinflussen unsere Gefühle genauso die Art wie wir denken. Dadurch können wir meist mehr beeinflussen, als wir zunächst glauben. Wenn wir die Umstände selbst nicht verändern können,

---

[10] Vgl. Gruhl, 2014, S. 45 ff.

können wir trotzdem darüber entscheiden, wie wir diese Umstände verarbeiten. Resiliente Menschen schaffen dies durch die Kombination des bewussten Verstandes der linken Gehirnhälfte und des emotionalen Gedächtnisses der rechten Hälfte. Sie denken je nach Situation auf eine andere Art und Weise, sind flexibel, weshalb sie ihre Stimmung regulieren können.

Seine Emotionen und Reaktionen steuern zu können bietet viele Vorteile. Ein gutes Beispiel dafür ist die Stressbewältigung. Stress ist ein Zustand des Körpers, in dem er alle zur Verfügung bereitstehende Energie zu Verfügung stellt. Das wirkt zunächst leistungssteigernd. Sollte es aber unzureichende Pausen oder sogar einen dauerhaft anhaltenden Stresszustand geben, können die Energiereserven nicht wieder gefüllt werden. Selbststeuerung mindert die negativen Symptome und kann dauerhafte Schäden verhindern. So nimmt erfolgreiche Selbststeuerung einen positiven Einfluss auf unsere Gesundheit.[11]

3.5 Verantwortung übernehmen

Verantwortung zu übernehmen heißt Initiative für sich und seine Mitmenschen zu ergreifen. Wissenschaftliche Untersuchungen zeigen, dass Kontrolle über sich und sein Leben zu haben eine grundlegende Antriebskraft für uns Menschen ist. Menschen, die wenig Einfluss auf ihr Leben haben oder glauben, dass sie keinen Einfluss hätten, leiden darunter sowohl emotional als auch körperlich. Das Herzinfarktrisiko steigt und es kommt öfter zu Angstzuständen, Depressionen und Schlaflosigkeit.

Alle Menschen geraten im Laufe ihres Lebens in Situationen, in denen sie vermeintlich zu Opfern der Umstände, höherer Gewalten oder anderer Menschen werden. Diejenigen, die ihre Kräfte sammeln und beginnen die Umstände zu verändern, die sie beeinflussen können, werden einen Weg finden sich aus ihrer Lage heraus zu manövrieren. Wer allerdings die Opferrolle annimmt und nicht nach einem Ausweg sucht, weil er glaubt es sowieso nicht schaffen zu können, dem wird es auch nicht gelingen. Dadurch erreichen sie einen Punkt, an dem sie nicht mehr zwischen dem unterscheiden können, was sie ursprünglich wollten und dem was von ihnen verlangt wird. Ein stark geschwächtes Selbstbewusstsein ist die Folge. Zusätzlich beginnen die Opfer nach einem Schuldigen für ihre Situation zu suchen,

---

[11] Vgl. Gruhl, 2014, S. 58 ff;

was zunächst entlasten wirken kann, führt aber häufig zu Schuldgefühlen, da sie bei sich selbst nach Fehlern suchen, die die Probleme verursacht haben könnten.[12]

3.6 Beziehungen gestalten

Menschen mit engen familiären und freundschaftlichen Beziehungen sind weniger gestresst und erholen sich leichter von Infekten und Herzanfällen. Dabei ist die Qualität der Beziehungen wichtiger als die Quantität. So zeigte sich bei der oben bereits erwähnten Kauai-Studie, dass Kinder schwierige Familienverhältnisse kompensieren konnten, wenn wenigstens eine vertrauensvolle Beziehung zu einem Erwachsenen aus ihrem Umfeld bestand.

Empathie ist die Fähigkeit, die Beweggründe anderer Menschen zu verstehen und sich in sie hineinzuversetzen, unabhängig davon ob wir mit ihnen sympathisieren oder nicht. Diese Fähigkeit ist die Grundlage aller nicht oberflächlichen Beziehungen. Mit Empathie können daraufhin Netzwerke entstehen, in denen man Unterstützung bekommt und andere unterstützt. Dadurch lernen alle Beteiligten und können sich weiterentwickeln.[13]

3.7 Zukunft gestalten

Die Zukunft gestalten bedeutet, sich auf voraussichtliche und planbare Ereignisse vorzubereiten, damit genug Zeit und Energie erhalten bleibt, um unerwartete Ereignisse zu bewältigen. Es ist wichtig sich hohe Ziele zu setzen, die einen antreiben aber zugleich realistisch und erreichbar sind. Resiliente Menschen finden heraus welche Dinge im Leben wichtig sind für sie und wofür es sich zu kämpfen lohnt. Diese Ziele versuchen sie ohne Angst vor Hindernissen und nötigen Energieeinsatz zu erreichen. Dabei sind sie flexibel hinsichtlich ihrer Methoden und dem Umgang mit nicht vorhersehbaren Ereignissen. Durch eine langfristige Orientierung erreichen sie ihre Ziele auch dann, wenn sie zwischenzeitlich Misserfolge haben.[14]

---

[12] Vgl. Gruhl, 2014, S. 68 ff.
[13] Vgl. Gruhl, 2014, S. 82 ff.
[14] Vgl. Ebd. S. 95 ff.

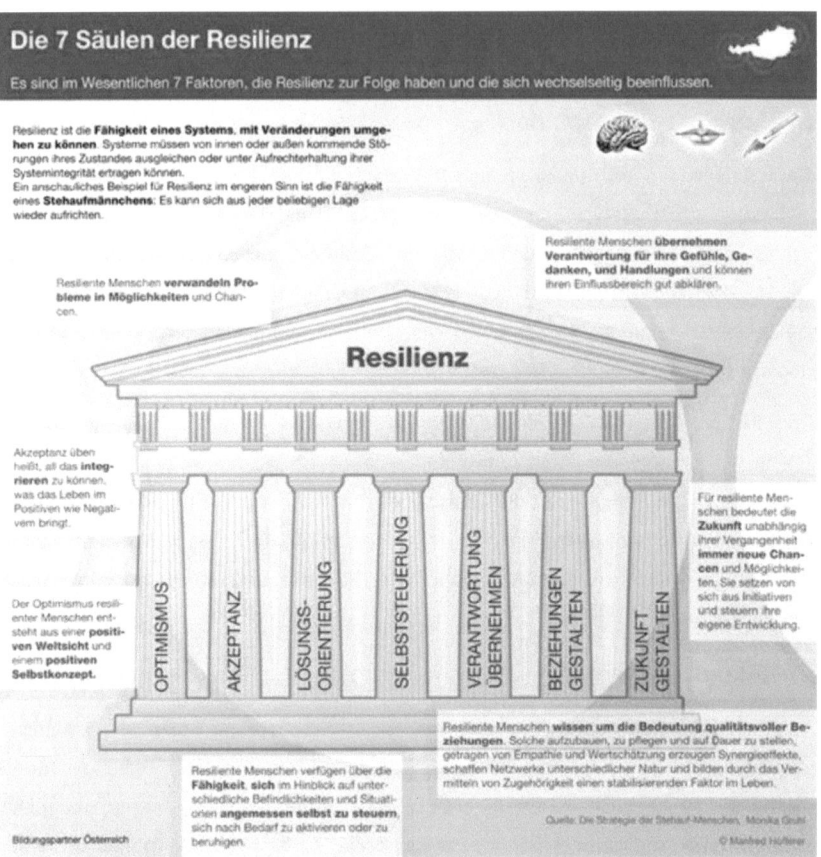

Die obere Abbildung zeigt die zuvor ausführlich erläuterten Grundhaltungen und Fähigkeiten, die zu Resilienz führen. Sie sind als sieben Säulen dargestellt und tragen ein Dach, die Resilienz. Dadurch wird deutlich, dass ohne die Säulen Resilienz nicht möglich wäre, aber auch, dass nicht immer alle Fähigkeiten benötigt werden, da auch sechs Säulen das Dach tragen würden. In manchen Fällen ist vielleicht eine Eigenschaft unabdingbar, dafür eine andere nicht erforderlich. In einem anderen Fall ist dies eventuell umgekehrt.

Resilienz ist nicht ein einzelnes Merkmal, sondern eine Kombination vieler verschiedener. Entscheidend ist die Ausgeglichenheit dieser Resilienzfaktoren. Wenn die Faktoren nur einzeln oder zu extrem ausgeprägt sind, stellen sie nicht immer einen positiven Nutzen dar, weil sie nicht ergänzt werden, oder bringen sogar

Nachteile mit sich. Dazu ein kurzes Beispiel: Menschen die sich nur von ihrer Akzeptanz steuern lassen, nehmen alles hin was ihnen widerfährt und hinterfragen kaum. Sollte ihnen zusätzlich Optimismus fehlen, werden sie keine Initiative ergreifen sich zu wehren.[15]

Die Resilienzfaktoren funktionieren als ein eng zusammenhängendes System. Die eigentliche Stärke resilienter Menschen sind daher nicht einzelne Eigenschaften, sondern ein dynamisches Zusammenspiel der verschiedenen Elemente. Dieses System entwickelt sich immer weiter, korrigiert sich selbst und passt seine Methoden an. Dadurch bleibt es dauerhaft aktuell und widerstandsfähig.[16]

4.1 Entwicklung der resilienten Persönlichkeit

Resilienz besteht aus verschiedenen persönlichen Eigenschaften. Wann aber werden diese Eigenschaften entwickelt und wie werden sie angepasst?

Psychische Widerstandsfähigkeit entsteht meist früh, denn die meisten Persönlichkeitsmerkmale entwickeln sich in den ersten Lebensjahren.[17] Nach der psychosexuellen Entwicklungstheorie von Sigmund Freud entwickeln Menschen grundlegende persönliche Eigenschaften, die ein Leben lang erhalten bleiben, indem der Mensch verschiedene Phasen durchläuft. Durch die erfolgreiche Bewältigung der oralen Phase im ersten Lebensjahr entwickelt sich Optimismus. Äquivalent zu diesem Beispiel entwickeln sich auch die weiteren Persönlichkeitsmerkmale in den folgenden Phasen.

Die Entwicklung zahlreicher Eigenschaften allein reicht aber nicht aus. Sie müssen dynamisch zusammenspielen, aktuell sein und sich an ihre Umgebung anpassen können. Diese Anpassung, auch Adaption genannt, erfolgt nach Piagets Theorie der kognitiven Entwicklung, durch Assimilation und Akkommodation. Assimilation bedeutet, dass eine neue Information in ein bisher bestehendes Schema eingefügt wird. Durch Akkommodation wird ein Schema so verändert, dass es mit der Umwelterfahrung übereinstimmt. Im Falle der Resilienz heißt das, dass die Fähigkeiten durch immer neuere Erkenntnisse ergänzt werden und das

---

[15] Vgl. Gruhl, 2014, S. 107 ff.
[16] Vgl. Ebd. S. 114.
[17] Vgl. Berndt, 2013, S. 192.

Zusammenspiel der einzelnen Faktoren flexibel hinsichtlich der Ziele angepasst wird. Durch die ständige Anpassung wird Resilienz auch in hohem Alter ermöglicht.[18]

---

[18] Vgl. Bernhard Leipold, 2015, S, 168 ff.

5. Fazit

Zusammenfassend lässt sich im Hinblick auf die Fragestellung sagen, dass Menschen durch das Zusammenspiel der Grundhaltungen Optimismus, Akzeptanz und Lösungsorientierung sowie der persönlichen Stärken sich selbst zu steuern, Verantwortung zu übernehmen, Beziehungen und Zukunft zu gestalten, Resilienz entwickeln. Diese zeichnet sich durch die sinnvolle Kombination der sieben Faktoren aus. Durch die Wechselwirkungen zwischen diesen werden Menschen psychisch widerstandsfähig und können sich Veränderungen ihrer Umwelt anpassen, wodurch Krisen bewältigt werden können. Die Persönlichkeitsmerkmale werden in der Kindheit entwickelt und danach weiter angepasst. Deshalb ist Resilienz flexibel, erlern und trainierbar.

An dieser Stelle ist wichtig zu erwähnen, dass dies nicht die einzigen Faktoren sind, die zu Resilienz führen. Es können viele verschieden Eigenschaften Resilienz begünstigen und bei der Bewältigung von Krisen hilfreich sein, jedoch sind die in dieser Arbeit erläuterten allgemeingültig. Außerdem werden lediglich die persönlichen Eigenschaften, die resiliente Menschen auszeichnen, thematisiert. Daher stellen sich weiterführende Fragestellung, zum Beispiel welchen Einfluss die Umwelt oder die Genetik auf die Resilienz der Menschen haben.

In Zukunft wird Resilienz aufgrund der gesellschaftlichen Entwicklung immer bedeutender. Der immer größer werdende Stress und Druck hat zur Folge, dass Krisen immer stärkere Auswirkungen haben, wie beispielsweise ein Todesfall eines engen Angehörigen. Aufgrund der steigenden Bedeutung der Resilienz steigt auch das Interesse der Bevölkerung und der Forschung. Deshalb wird es in den nächsten Jahren immer mehr Erkenntnisse und Forschungen zu diesem Thema geben.

6. Literaturverzeichnis

6.1 Schriftquellen

- Christina Berndt, Resilienz: das Geheimnis der psychischen Widerstandskraft; was uns stark macht gegen Stress, Depressionen und Burn-out, München, 2013
- Monika Gruhl, Resilienz – Die Strategie der Stehauf-Menschen, Freiburg im Breisgau, 2014
- Bernhard Leipold, Resilienz im Erwachsenenalter, Stuttgart, 2015

6.2 Internetquellen

- Abbildung:
  https://i.pinimg.com/564x/4b/64/17/4b6417169656d138774fcbe9d6797538.jpg
  (letzter Aufruf: 09.04.2019)

BEI GRIN MACHT SICH IHR WISSEN BEZAHLT

- Wir veröffentlichen Ihre Hausarbeit, Bachelor- und Masterarbeit

- Ihr eigenes eBook und Buch - weltweit in allen wichtigen Shops

- Verdienen Sie an jedem Verkauf

Jetzt bei www.GRIN.com hochladen und kostenlos publizieren